QUELQUES

OPUSCULES

PAR

Mme LA COMTESSE REGNAULT DE St-JEAN-D'ANGELY,

NÉE DE BONNEUIL.

PARIS,

IMPRIMERIE DE Mme DE LACOMBE, RUE D'ENGHIEN, 14

—

1854

LA FRANCE EST CONSTANTE.

(NOVEMBRE 1858.)

On dit la France légère ou indifférente ; en effet, elle a accepté et renversé bien des gouvernements depuis soixante ans, mais on oublie qu'elle n'en a jamais choisi qu'un seul, et que celui-là a été renversé par les étrangers.

En 1799, quand le jeune vainqueur d'Italie, le conquérant de l'Egypte, arrivait par une de ces divinations du génie qui lui avait révélé les besoins de la France, à peine le vaisseau qui l'apportait eut-il touché le port, que la population impatiente rompit les lois sanitaires, si puissantes dans le Midi, et voulut partager les chances d'une infraction qui lui paraissait moins funeste qu'un retard. Il fut élu alors par la France pour la première fois. Il était déjà son chef à Fréjus.

Plus de trois millions de suffrages signés furent donnés à la Constitution de l'an VIII qui le nommait consul pour dix ans. Un plus grand nombre le nomma consul à vie. Enfin, le vote pour l'Empire, qui approchait de cinq millions, donnait une quatrième consécration à ce pouvoir populaire : et deux mille votes négatifs ne servirent qu'à montrer l'universalité et la constance de la volonté nationale.

Nous ne parlerons pas de l'éclat de son Consulat, de cette puissante organisation sur laquelle nous vivons encore, de ses codes, de ses victoires, des merveilles de son empire, de sa cour de rois : arrivons, le cœur brisé, à ses désastres immenses comme sa grandeur.

La France fut envahie. L'Europe coalisée triompha de celui qui l'avait vaincue tant de fois, et ces rois auxquels il avait donné ou rendu leurs couronnes avec tant de générosité lui arrachèrent la sienne.

L'invasion de la France fut un grand malheur; mais ce ne pouvait être une humiliation : nous avions occupé toutes les capitales du continent. L'injure, l'humiliation fut de renverser notre gouvernement, celui que la France s'était donné, le souverain choisi, aimé par elle.

Mais on dit qu'elle l'abandonna en 1814, on ment. Jamais la France n'abandonna son empereur; elle s'était tellement identifiée à lui, qu'on peut dire que son cœur battait dans la poitrine de Napoléon. Jamais pareille alliance n'exista entre une nation et son chef : il était elle, elle était lui; elle l'aurait défendu tant qu'un bras français eût pu soutenir une

épée, car elle savait bien qu'il ne combattait que
pour elle. C'est parce que Napoléon connaissait
cette confiance, ce dévouement, qu'il abdiqua, quand
la trahison lui enleva ses dernières chances de salut. Il abdiqua, et dans quels termes ? La France
abattue, étonnée, se soumit parce qu'il lui dit de
se soumettre, parce qu'il lui rendit ses serments ;
c'était encore une preuve de sa confiance, de son
respect.

Elle le lui prouva bien onze mois plus tard, quand
il vint lui rapporter le drapeau qui les avait si sou-
vent conduits à la victoire, et que la nation accueil-
lit avec un nouvel et vif enthousiasme ; car il la
relevait de l'humiliation imposée par ses ennemis ;
elle porta jusqu'à Paris dans ses bras celui qu'elle
avait toujours porté dans son cœur, et toute la population l'eût suivi jusqu'à la frontière s'il avait
voulu l'y mener. Quels événements que lui seul
pouvait accomplir, quels sentiments que lui seul
pouvait inspirer !

Le nom de Napoléon est grand et héroïque pour
l'histoire, pour le monde ; mais ce qu'il est pour
la France plus encore qu'héroïque et grand, c'est
sympathique ; elle s'émeut dans ses plus nobles
sentiments, à ce nom qui, pour elle, est le symbole
de son indépendance et de sa gloire, comme pour
Louis-Napoléon, il est celui du dévouement et du
devoir ; car il est digne du grand nom qu'il porte,
par les hautes facultés de son esprit, la fermeté de
son caractère et la noble bonté de son cœur.

La France élira, quoi qu'on fasse, le neveu de
son empereur regretté et toujours aimé, parce

qu'elle pressent en lui un sauveur comme jadis elle l'a pressenti à Fréjus. Elle ne sera pas trompée non plus dans cette nouvelle espérance ; elle veut effacer ainsi les dernières traces de l'invasion étrangère et protester de nouveau contre tout ce qui s'est fait contre elle et sans elle depuis tant d'années.

Ce sera la sixième fois que ce nom sera proclamé par la France ; car en 1815 et même pour l'acte additionnel tant attaqué, elle donna plus de deux millions de suffrages. Ce qu'elle voulait il y a quarante-neuf ans, la France le veut encore aujourd'hui. Elle l'a toujours voulu ; elle est constante.

NAPOLÉON.

(DÉCEMBRE 1831.)

Pourquoi ce nom, au bout de tant d'années, a-t-il réveillé dans nos cœurs des sentiments qu'on prétendait oubliés ? Est-ce sa gloire, sa force, son génie puissant, universel ! Tous ces grands souvenirs auraient, sans doute, exalté les esprits, entraîné les cœurs ; mais ce qui surtout a laissé dans notre nation une trace ineffaçable d'amour, de confiance et d'espoir, c'est le patriotisme profond de *Napoléon* ; il était senti par tous, mais il n'a été compris que lorsque la mort et le temps ont éclairé sur cette grande vie.

Cet homme, qu'on a accusé d'ambition, s'est sacrifié deux fois à ce qu'on disait être le salut de la France. Son désintéressement de lui-même, son abnégation lui ont caché ce qu'il y avait encore de force dans son nom, de ressources dans son génie ; il a pensé qu'on ne peut servir utilement une nation dont la confiance est altérée, qui peut croire, parce qu'on le lui répète, qu'on la sacrifie à son propre intérêt.

Tout m'abandonne, disait-il en 1815 ; que puis-je seul ? Je ne suis qu'un homme. *Napoléon* se trompait : il était bien plus qu'un homme, il était l'âme de la France, et l'amour qu'il avait pour elle, elle le lui rendait tout entier. Mais on étendait entre eux le voile épais de la trahison, de l'égoïsme ; ils furent sacrifiés tous deux à ces intérêts matériels dont on a fait plus tard un principe de gouvernement. Ils se comprenaient cependant, mais ils ne purent se concerter ; ils tombèrent, ils souffrirent ensemble, et la France ne l'a jamais oublié.

Napoléon fut ambitieux, dit-on. Elle était noble, cette ambition : à la tête d'une nation accessible à tous les instincts généreux, cette grande voix du peuple, qu'on dit être la voix de Dieu, lui répétait : « Va, je te suis, je sais où tu veux nous conduire ; ce n'est pas notre seul bonheur qui te fait marcher en avant, c'est le bonheur, l'union des peuples étrangers, même ennemis ; c'est une mission du ciel que ton génie seul peut accomplir : va, nous te suivons ! » Et tout-à-coup on s'est arrêté ; au premier revers on a failli à la tâche, il est resté seul. Il a pu croire un moment qu'il n'était qu'un homme !

Cœur puissant, génie surhumain, quelle autre existence peut être comparée à la sienne ! Son premier pas l'élève au-dessus de tous les guerriers,

Conquérant, civilisateur de l'Italie à l'Egypte, de l'Espagne aux confins du Nord; il laisse sur sa trace un rayon lumineux qui ne doit jamais s'effacer; il monte au pouvoir pour révéler au monde le plus grand législateur, le politique le plus profond et le plus droit, l'administrateur le plus habile; il est le souverain le plus magnifique, le plus généreux et le plus économe; il est enfin le vainqueur le plus magnanime. Pas un vice, pas une tache sur cet héroïque caractère. On croyait que la gloire, la force humaine ne pouvaient aller plus loin, et cependant il tombe pour montrer que sa gloire pouvait encore s'accroître.

Ah! nous avons versé bien des larmes sur les souffrances de sa captivité. Mais ce n'est plus que sur nous, sur la France, que coulent nos larmes égoïstes; car sa vie serait-elle aussi belle sans les malheurs qui l'ont couronnée d'une si brillante auréole! Pour le monde entier, c'est un grand désastre que sa chute, mais pour lui c'est l'apothéose de sa vie.

Il avait une grande mission; elle a été arrêtée un moment, non parce qu'il y a manqué, mais parce que le monde lui a manqué, et peut-être parce qu'il fallait un moment de halte à notre pauvre nature humaine, qui ne comprend pas à la fois la force avec la liberté, la grandeur avec l'égalité. Et dans ces tristes années où l'on a voulu fausser notre caractère national, matérialiser nos plus nobles sentiments, on a cru effacer son souvenir, détruire son principe.... Et tout-à-coup une révolution éclate; elle renverse tout, elle veut tout niveler.... Et le nom de *Napoléon* surgit au milieu des ténèbres, il les éclaire, il s'acclame par des millions de voix ! *Napoléon* le Français, le glorieux, l'immense *Napoléon* ! Il est mort, mais son nom nous reste ; son nom, symbole de gloire, de force, de dévouement. Il est mort, mais son principe existe ; il est mort, mais la France l'arrache au tombeau ; nous nous rallions à celui qu'il eût nommé son héritier ; nous avons confiance, nous avons espoir ; il se nomme *Napoléon*, il ne peut faillir à son nom ; porté par ce grand nom, appuyé sur cette auguste mémoire, il veut la maintenir à la hauteur où nous l'avons retrouvée dans nos cœurs français, quand nous avons pu exprimer notre volonté souveraine. Six millions de voix ont prouvé cette confiance inspirée par la gloire, par le patriotisme de l'Empereur. Aujourd'hui, c'est pour *Louis-Napoléon* lui-même que nous voterons, car il s'est montré supérieur à ce que nous en espérions ; il achèvera la mission arrêtée pendant de trop longues années ; il vaincra l'anarchie ; il sauvera le monde ; il s'élèvera, par cette noble victoire, aussi haut que notre immortel Empereur par toutes celles qui l'ont couronné.

Napoléon n'est pas seulement un nom, c'est un système : c'est l'amour du peuple, c'est la grandeur de la France, c'est le salut de la civilisation.

Napoléon, comme tous les grands hommes, a grandi dans sa tombe ; mais à lui seul appartenait d'être plus puissant dans sa mort que dans sa vie.

Son ombre semble planer sur le monde pour l'empêcher de se dissoudre ; et si l'aveuglement des partis pouvait réussir à renverser ce nom sauveur, rien ne resterait debout, ni un gouvernement, ni une propriété, ni une institution , et l'Europe s'écroulerait pour expier son ingratitude envers celui qui voulait, qui pouvait assurer l'avenir des nations, et qui laisse cette noble tâche à l'héritier de son nom, dans lequel sa grande âme semble être passée pour notre salut et pour notre bonheur.

L'EMPIRE.

(10 OCTOBRE 1852.)

Il est inutile de rechercher les causes de la révolution de février; mais il n'est pas sans intérêt d'en faire remarquer les conséquences si différentes de celles qu'en espéraient les gens qui l'avaient préparée et comptaient la diriger. En proclamant leur république, ils voulaient reporter la France vers un passé hideux et sanglant, et présenter à ses respects, comme de nobles martyrs, les bourreaux qui n'avaient conservé de l'humanité qu'une forme dégradée.

A ces affreux souvenirs qu'elle repoussait, la France répondit par le nom de Napoléon. Le résultat de cette révolution était l'Empire; six millions de voix donnèrent à l'héritier de l'Empereur le pouvoir restreint et contesté chaque jour de président d'une république, que lui seul peut-être voulait sincèrement essayer d'établir.

La peur avait rallié à cette élection les hommes

qui, voulant autre chose, acceptaient Louis-Napoléon comme le seul frein assez puissant pour arrêter
la chute de tout. Ils croyaient ne prendre qu'un
nom, n'avoir à renverser qu'un souvenir. Surpris
de trouver un caractère supérieur portant dignement
et fortement ce grand nom, ils furent effrayés pour
leurs projets; il était bien plus dangereux que la
guerre civile, il serait adopté définitivement. On
l'aimait avant de le connaître, on l'adorerait quand
il serait connu. Il fallait tout risquer pour l'abattre.
On vit l'alliance la plus monstrueuse, les partisans
des deux branches déchues donnant la main aux
républicains, aux socialistes, même aux communis-
tes les plus violents. Tout semblait être remis en
question, on comptait arrêter le président, presser
la crise attendue pour 1852; et, du sein de l'anarchie où l'on voulait nous replonger, faire sortir soit
Henri V, soit les d'Orléans. Pour arriver à ce but,
on se souciait peu de la France que l'on livrait au
pillage.

Mais Louis-Napoléon avait dit : la France ne pé-
rira pas dans mes mains ! S'appuyant sur le droit
qu'il tient du peuple, sur la force qui vient de Dieu,
il les employa pour le salut de tous. Et ce grand
acte de courage et de dévouement accompli, avec
toute la sagesse du génie, il remit à la nation les
pouvoirs qu'il tenait d'elle, en lui disant : Je ne puis
gouverner que sur telles bases ; les voulez-vous ?

A cet appel loyal, on répond par une immense ad-
hésion. On lui remet tous les pouvoirs : on sait l'u-
sage qu'il en doit faire. Il se hâte de créer des corps
qui puissent régulariser son gouvernement et l'ai-

der dans sa tâche difficile, si quelque chose pouvait être difficile pour lui.

Mais qu'est-ce que huit millions de voix, qu'on aurait cru jusqu'ici impossible de réunir, auprès de ce qui se passe maintenant, et dont l'histoire du monde n'a jamais présenté le spectacle ! C'est dans toute la France un cri d'amour, de reconnaissance profonde, de confiance illimitée. Nous voulons être gouvernés par vous ; nous savons ce que vous pouvez, nous sentons ce que vous voulez : c'est l'amélioration de tous, sans secousses, sans subterfuges, avec l'aide du temps et de ce grand principe que vous représentez, la souveraineté du peuple ; qu'il ne peut déléguer en des mains plus dignes, livrer à un cœur plus vrai, plus dévoué. Nous vous donnons la couronne comme nous nous donnons tous à vous. Nous voulons pour nos enfants, comme pour nous, ce nom à jamais béni, à jamais respecté, ce nom régénérateur. Et c'est par des millions de voix que se répètent ces vœux, qui seraient des ordres si, par respect et par amour, on ne voulait en faire des prières.

C'est un devoir pour le Prince d'accepter ce que la nation lui donne, le titre et le pouvoir d'Empereur héréditaire. Et c'est aux applaudissements de l'Europe, naguère ennemie, que va se relever l'Empire renversé par des haines aveugles, des rivalités envieuses. Il sera rétabli par l'enthousiasme et la raison, alliance nouvelle de deux pouvoirs d'origines si différentes : le jugement et l'entraînement.

Devant cette imposante volonté nationale, tout s'efface.

Les partis se taisent, ils se résignent, et s'ils espèrent encore, c'est dans un avenir incertain, dans des accidents imprévus. On peut dire aujourd'hui que la révolution est achevée. Toutes ses conquêtes sont assurées, tous ses excès sont réparés. Et le comble de la gloire, pour le nouvel Empereur, sera d'en rendre le retour impossible. Gloire immortelle, comme son nom qu'il a encore élevé.

Gloire et actions de grâces à Dieu qui l'a créé, qui a donné, par de longues années de malheur, le développement à son génie qui l'a guidé dans cette grande entreprise, de rétablir la société sur ses bases. Cette mission providentielle ne pouvait être acceptée que par un caractère ferme, un grand cœur pressentant toujours qu'il serait appelé à cette œuvre de salut, et par le travail incessant d'un esprit supérieur ayant voulu rassembler en lui-même tous les moyens de l'accomplir.

Il n'a manqué à Louis-Napoléon aucune des hautes facultés que Dieu ne dispense à ses vrais élus qu'à de longs intervalles. Dans un demi-siècle cependant, deux hommes, un nom, ont été revêtus par lui de cette souveraine puissance qui arrête tout mal et crée tout bien.

Tous deux, sauveurs de la France, guidés par une lumière intérieure dans la route tracée par la Providence, laisseront dans l'avenir, après les bienfaits de leurs règnes, cette impérissable renommée que rien ne peut effacer du cœur et de la mémoire des peuples.

www.ingramcontent.com/pod-product-compliance
Lightning Source LLC
Chambersburg PA
CBHW061225050726
47594CB00008B/3812